Arepas

¿de dónde son?

Por

Adriana Ramírez

Ilustrado por

Carolina Jaillier

@carojaillier

Español 2

Instagram: @veganadri
YouTube Channel:

"Teaching Spanish with Comprehensible Input"

adrianaramirez.ca

ISBN 978-1-7387806-6-2

Arepas ¿de dónde son?

Índice

Introducción

Tanto si eres colombiano como si eres venezolano, las arepas no solo hacen parte de nuestra alimentación diaria, sino que también son un elemento cultural del cual nos sentimos orgullosos, y el cual nos representa.

En Colombia hay muchos tipos de arepa. Las arepas son diferentes dependiendo del tipo de maíz y de la forma como se preparan. Cada región del país tiene su arepa o sus arepas, y cada colombiano piensa que su arepa es la mejor.

Se puede comer arepa a cualquier hora, y puedo decir que, para mí, el mejor desayuno y la mejor comida siempre tienen una arepa. Como vivo lejos de mi país, comer arepa tiene un significado más grande y especial. Cada vez que me como una arepa me siento en casa, ¡me siento en Colombia!

Adriana Ramírez

En mi región hay muchos tipos de arepa: la arepa de chócolo, la arepa de mote, la arepa con queso por dentro, la arepa de maíz amarillo y la de maíz blanco, pero la arepa que más representa mi región, me atrevo a decir, es la arepa paisa: una arepa blanca y delgada.

Muchos dicen que esta es una arepa simple, sin mayor atractivo. Y sí, para el ojo externo, entiendo que se vea así, pero para nosotros, los paisas, es simplemente una comida perfecta. Como es tan neutral, va con todo, y el sabor va en las cosas que le pongamos encima.

Introduction

Whether you are Colombian or Venezuelan, arepas are not only a staple of our daily diet but also a cultural element we take pride in and that represents us.

In Colombia, there are many types of arepas. They vary depending on the type of corn and how they are prepared. Each region of the country has its own version, and every Colombian believes theirs is the best.

Arepas can be enjoyed at any time, and for me, the best breakfast and meal always include an arepa. Living far from my country, eating an arepa carries even greater significance. Every time I eat one, I feel at home, I feel in Colombia.

Adriana Ramírez

In my region, there are many types of arepas: the arepa de chócolo, arepa de mote, arepa with cheese inside, yellow corn arepa, and white corn arepa. But the arepa that best represents my region, I dare say, is the arepa paisa: a white and thin arepa.

Many say that this is a simple, unattractive arepa. And yes, to the outside eye, I understand it may seem that way. But to us, paisas, it is simply a perfect food. Its neutrality allows it to pair with everything, and the flavor comes from what we put on top of it.

Arepas ¿de dónde son?

¿Por qué un libro sobre arepas?

Tengo una amiga muy especial. Ella es venezolana. Desde que nos conocimos me ha molestado con el tema de las arepas. Por ejemplo, me envía videos por redes sociales donde se burlan de la arepa paisa por simple, o me manda memes donde dicen que la arepa es venezolana.

Por supuesto yo no me quedo atrás, y le respondo con otros videos o memes que prueban lo contrario.

Esta ha sido una pelea eterna. Los colombianos reclamamos la arepa como nuestra, y los venezolanos también. Entonces, ¿de quién es? ¿De dónde es la arepa verdaderamente?

Adriana Ramírez

Por esta razón, ella y yo decidimos escribir cada una un libro sobre las arepas, para finalmente resolver este conflicto.

Los dos libros están conectados, no solo por la amistad, sino también por el tema y el nivel de lectura.

Mira el capítulo final de cada uno de los libros y encuentra cómo uno lleva al otro.

Espero que al final de leer este libro, sepas por fin de dónde son las arepas verdaderamente.

Why a book about arepas?

I have a very special friend. She is Venezuelan. Since we met, she has teased me about arepas. For example, she sends me videos on social media that mock the arepa paisa for being plain, or memes claiming that arepas are Venezuelan.

Of course, I don't stay quiet, and I respond with other videos or memes proving the opposite.

This has been an eternal debate. Colombians claim arepas as ours, and Venezuelans do too. So, whose is it? Where are arepas truly from?

For this reason, she and I decided to each write a book about arepas to finally resolve this conflict.

Adriana Ramírez

The two books are connected, not only in friendship but also in theme and readability.

Check out the final chapter of each book to find out how one leads to the other.

Arepas ¿de dónde son?

Personajes

Ana

Rita

**Doña Luz
Mamá de Ana**

Doñarepa

Pan

Arepa colombiana

Arepa venezolana

Parrilla

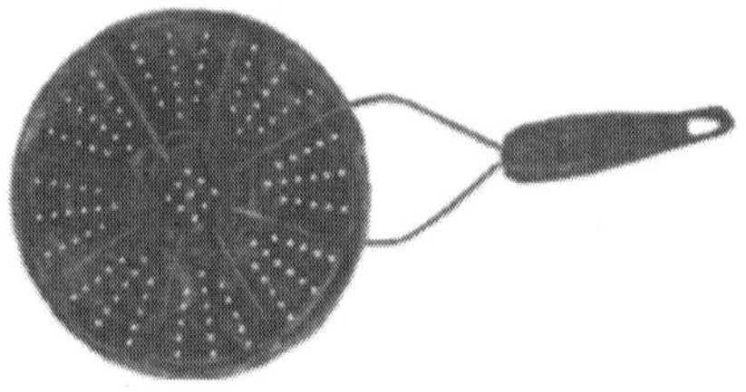

Budare

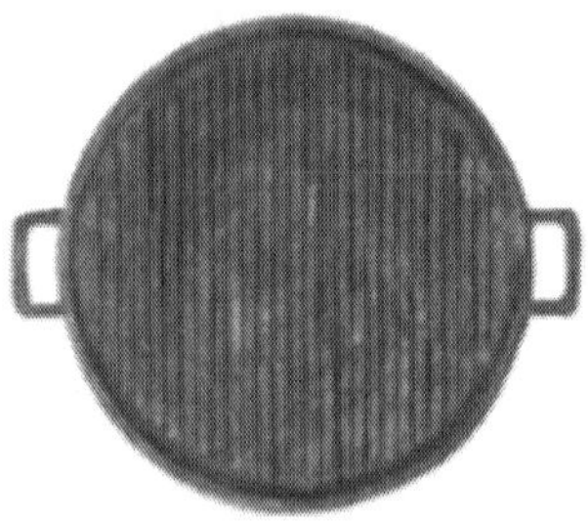

1

En la cocina de Rita, la venezolana.

Ana y Rita están en la cocina. Están haciendo arepas y discutiendo sobre cómo se hacen las arepas.

—Rita, así no se hacen las arepas. ¡¡¡Así no se hacen!!! —le dice la colombiana a su amiga venezolana.

—¿¿Qué dices?? ¿Le vas a decir a una venezolana cómo hacer arepas? Así se hacen las arepas —le dice Rita, la venezolana.

Adriana Ramírez

—Las arepas se asan en una parrilla y son más delgadas. ¡Eso no es una arepa! Yo sé mucho de arepas —le dice la colombiana.

—¿¿Qué dices?? No sabes de arepas. No sabes nada de arepas —le dice la venezolana a su amiga.

—¡¡¡Las AREPAS son de Colombia!!! Yo soy colombiana. Sé mucho de arepas. Las arepas no se hacen así y no son gruesas.

Ellas se miran. Ellas son muy amigas y no discuten. Ellas son muy amigas y siempre tienen la misma opinión en todo, pero no en una cosa... LAS AREPAS.

Cada una tiene su opinión sobre las arepas. Cada una opina cuando la otra hace arepas.

Adriana Ramírez

Cada una tiene su opinión sobre cómo se hacen las arepas. Cada una opina sobre las arepas de la otra.

Cada una tiene su opinión sobre el origen de la arepa. ¡Cada una piensa que la arepa es de su país!

Hummm... ellas se miran, y Rita, la venezolana, habla:

—En Venezuela hacemos las arepas en un BUDARE.

—En Colombia hacemos las arepas en una PARRILLA.

—En Venezuela las arepas son gruesas para abrirlas por la mitad y ponerles cosas por dentro.

Arepas ¿de dónde son?

—En Colombia son delgadas para que se tuesten bien y ponerles cosas arriba.

—Pero...las arepas son originalmente venezolanas —le dice Rita a su amiga.

—¿¿Qué dices?? ¡Las arepas son originalmente COLOMBIANAS! —le dice Ana.

—Hummm —le dice Rita.

—¡Hummm! —le dice Ana.

Hay una arepa en el budare. La arepa las mira hablar y piensa:

"¡Otra vez están estas dos discutiendo por bobadas! Arepa es arepa, NO IMPORTA si es colombiana o venezolana".

Adriana Ramírez

"¡Otra vez están estas dos discutiendo por bobadas! Arepa es arepa, **NO IMPORTA** si es colombiana o venezolana".

2

En la cocina de Ana,
la colombiana.

Rita está en la casa de su amiga Ana porque están estudiando. A ellas les gusta estudiar juntas. A ellas les gusta hablar. A ellas les gusta comer arepas, pero cada una tiene su opinión sobre las arepas. Sus opiniones son diferentes.

Ellas están en la cocina estudiando y discutiendo sobre las arepas.

—Doña Luz, ¿por qué está haciendo la arepa en una parrilla? Las arepas se hacen en un budare —le dice Rita a la mamá de Ana.

—En Colombia hacemos las arepas en una parrilla para que se tuesten bien.

Adriana Ramírez

—En mi casa las hacemos en un budare —dice Rita.

—Yo sé. Las arepas venezolanas son diferentes.

—Pero...las arepas son originalmente de Venezuela —dice Rita.

—Y de Colombia —dice la mamá—. Tenemos arepas diferentes, pero no importa. Las diferencias son buenas.

—¡Rita! Estás hablando mucho con mi mamá y tenemos que estudiar —le dice Ana a su amiga.

—Estamos hablando de arepas. Es muy importante.

—No estás hablando de arepas, estás discutiendo bobadas. ¡Las arepas son colombianas y se asan en una parrilla! —le dice Ana.

Adriana Ramírez

—Hummm —le dice Rita.

—¡Hummm! —le dice Ana.

Ellas se miran. Ellas discuten por LAS AREPAS porque tienen opiniones diferentes.

—No hablemos más de arepas. Vamos a estudiar —dice Ana.

—Sí, mejor —dice Rita.

Hay una arepa en la parrilla. Es la arepa que está asando doña Luz, la mamá de Ana. La arepa las mira hablar y piensa:

"¡Otra vez están estas dos discutiendo por bobadas! Arepa es arepa, NO IMPORTA si es colombiana o venezolana".

Arepas ¿de dónde son?

"¡Otra vez están estas dos discutiendo por bobadas! Arepa es arepa, NO IMPORTA si es colombiana o venezolana".

3

En el supermercado

Doñarepa habla con PAN:

—Hola, PAN.

—Hola, Doñarepa.

—¿Cómo estás hoy? —le dice Doñarepa.

—Bien, bien. Quiero que alguien me compre. Quiero ser arepa —le dice PAN.

—¡Yo también quiero ser arepa! Quiero pasar de ser harina de maíz a ser arepa —dice Doñarepa.

—Quiero ser una arepa deliciosa —dice PAN.

—Yo también quiero ser una arepa deliciosa, y con mucho queso —dice Doñarepa.

—Tengo una curiosidad muy grande —dice PAN.

—¿Qué pasa, PAN?

Arepas ¿de dónde son?

—¿De qué estamos hechas?

—Estamos hechas de maíz —dice Doñarepa.

—Pero, somos diferentes, ¿no? —dice PAN.

—¿Por qué lo dices?

—Porque tú te llamas Doñarepa y yo me llamo PAN. Porque nuestros paquetes son diferentes. Porque los venezolanos me compran a mí y los colombianos te compran a ti. Tenemos que ser diferentes —le dice PAN.

—A ver..., yo leo mis ingredientes —dice Doñarepa.

—No puedes leer tus ingredientes. No los puedes ver. Están detrás del paquete.

—Hummm. Bueno, ¿y si yo leo los tuyos y tú lees los míos? —dice Doñarepa.

—¡Qué buena idea! —le dice PAN.

—Voltéate, voltéate. A ver... "Harina de maíz blanco precocida" —dice Doñarepa.

Adriana Ramírez

—¿Qué más? —dice PAN.

—No más, solo dice eso. Eres harina de maíz blanco precocida.

—Hummm. Bueno, voltéate tú —le dice PAN a su amiga.

—¡¡Qué curiosidad!! —dice Doñarepa.

—A ver —dice PAN—. "Harina de maíz blanco precocida".

—¿Nada más?

—No más —dice PAN.

—Hummm —dice Doñarepa y piensa.

—Hummm —dice PAN y piensa.

Las dos harinas se miran en silencio. Se miran y lloran. Se miran y se abrazan. Se miran, se miran y se miran.

—¡¡Somos lo mismo!! —dice PAN.

—¡¡Somos lo mismo!! —dice Doñarepa.

DOÑAREPA
P·A·N

DOÑARE
P·A·N

DOÑAREPA
P·A·N

—Tú eres hecha de maíz blanco y yo también. El paquete es la única diferencia.

—Las dos somos maíz, y no más. Solo maíz.

—¡Y sin gluten! —dice PAN.

—¡Y sin gluten! —dice Doñarepa.

Alguien coge el paquete de Doñarepa.

—Adiós PAN. ¡Voy a ser arepa!

—Adiós hermana. ¡Vas a ser una arepa deliciosa!

Alguien coge el paquete de PAN.

—Tú también, hermana, vas a ser una arepa deliciosa

—Te quiero —le dice PAN.

—Y yo también —le dice Doñarepa.

Arepas ¿de dónde son?

4

En la casa de Ana,
la colombiana.

Ana

Rita

Ana

Rita

Arepas ¿de dónde son?

Ana

Rita

Bueno. Vamos a ver qué encuentras, pero sé que vas a encontrar que son venezolanas.

Ana

Rita

Adriana Ramírez

Ana va a la cocina. Su mamá está haciendo arepas para la comida. Ana quiere asar arepas con su mamá.

—Mamá, quiero hacer una lista de las cosas que sé sobre las arepas —le dice Ana.

—¡Es una buena idea! —le dice su mamá—. Dime ¿qué sabes?

—Bueno —dice Ana—, en la casa siempre hay arepas y podemos comer arepas al desayuno, al almuerzo y a la comida.

Las arepas que están en la parrilla asándose se miran, miran a Ana y se miran otra vez. Una arepa le dice a la otra:
—¡Es obvio! ESO ES OBVIO. Es boba.
—Sí, es boba —le dice la otra arepa.

Arepas ¿de dónde son?

¡Es obvio!
ESO ES OBVIO.
Es boba.
Sí, es boba.

—En la casa de mi abuela hacen las arepas de cero. Es decir, cocinan el maíz, lo muelen, hacen la masa y luego hacen las arepas. Me gusta mucho este proceso. Es muy especial —dice Ana.

Las arepas que están en la parrilla asándose se miran, miran a Ana y se miran otra vez. Una arepa le dice a la otra:

—¡AREPAS DE CERO!

—¿Qué es de cero? —le dice la otra arepa.

—¿No somos de maíz?

—¿Somos arepas de cero o arepas de maíz?

—Estoy consternada.

—¡Yo también! Pensaba que era de maíz. No sé de qué soy.

Arepas ¿de dónde son?

¡Arepas de cero!
¿No somos de maíz?
Estoy consternada.
¿Somos arepas de cero o arepas de maíz?
¿Qué es de cero?

—Tú, mami, no tienes tiempo para hacer las arepas de cero. Las compras hechas. Y compras muchos paquetes de arepas al mismo tiempo —Le dice Ana a su mamá—. También sé que cada paquete tiene 5 o 7 arepas, y que siempre hay arepas en mi casa.

—Sí, hacer las arepas de cero toma mucho tiempo, y yo no tengo tiempo —le dice su mamá.

—También sé que hay muchos tipos de arepas en Colombia. Cada región de Colombia tiene una arepa especial —dice Ana.

—Hay muchos tipos de maíz y hay muchos tipos de arepa —le dice su mamá.

—Yo sé de muchas arepas diferentes, mamá —le dice Ana—: hay arepas pequeñas, arepas más grandes, arepas delgadas y arepas gruesas; arepas con queso por dentro, y sin queso por dentro.

—Y ¿qué más tipos hay? —le dice su mamá.

—No sé, tengo que investigar —dice Ana.

Ana y su mamá siguen asando las arepas para la comida. Ana le dice:
—Una comida fácil y deliciosa siempre se hace con arepa.

Las arepas que están en la parrilla asándose se miran, miran a Ana y se miran otra vez. Una arepa le dice a la otra:

—¡Es obvio! ESO ES OBVIO. ¡Es boba!
—Sí, es boba —le dice la otra arepa.

Adriana Ramírez

¡Es obvio!
ESO ES OBVIO.
¡Es boba!
Sí, es boba.

—¿Cómo nos comemos las arepas nosotros? —le dice su mamá.

—En la casa nos comemos la arepa con: mantequilla y quesito; también con hogao; o con aguacate —le dice Ana—. Pero, como yo soy vegana, como mantequilla y queso veganos. El hogao y el aguacate son veganos.

—Yo sé que te gusta mucho la arepa con hogao —le dice su mamá.

—Me gusta mucho el hogao que tú haces, mami —le dice Ana—. ¡Haces un hogao delicioso!

—¡Gracias, Ana! A mí también me gusta mucho mi hogao —le dice su mamá.

Adriana Ramírez

—También sé que no hay hora para comer arepa. Una arepa se puede comer a todas horas. Una buena comida siempre tiene una arepa.

Las arepas que están en la parrilla asándose se miran, miran a Ana y se miran otra vez. Una arepa le dice a la otra:

—¡Es obvio! ¡ESO ES OBVIO!
—¡Otra vez diciendo BOBADAS! —dice la otra arepa.

—Cuando hay mucha gente, también hay arepas —le dice su mamá.

—Siempre hay arepas. Hay arepas en todas partes: en las casas y en los restaurantes —dice Ana.

—Y hay restaurantes solo de arepas.

Las arepas que están en la parrilla asándose se miran, miran a Ana, a la mamá de Ana y se miran otra vez. Una arepa le dice a la otra:

—Estamos en todas partes.

—¡Somos muy importantes!

—Sí, ¡es obvio!

Adriana Ramírez

Estamos en todas partes.
Sí, ¡es obvio!
¡Somos muy importantes!

5

Mucha información

Ana, la colombiana, decide investigar más sobre las arepas. Ella quiere aprender más sobre el origen de las arepas.

Rita, la venezolana, también decide investigar sobre las arepas. Ella quiere entender por qué los colombianos y los venezolanos siempre discuten sobre lo mismo.

Ellas quieren aprender más sobre las arepas.

Ana encuentra una cosa y postea:
Los indígenas, de lo que hoy es Colombia y Venezuela, comían una comida hecha de maíz, en forma redonda.

Adriana Ramírez

Rita ve el *post* de Ana. Ella también decide publicar:

Las arepas existían antes de que Colombia y Venezuela existieran.

Ana ve el *post* de Rita. A Ana le gusta el post de Rita, pero no le da "me gusta". Ana decide publicar más:

El maíz es una comida muy importante para la gente de este territorio.
El maíz es una comida ancestral.

Rita ve el *post* de Ana. A Rita le gusta el *post* de Ana, pero no le da "me gusta". Ella decide publicar otra vez:

La palabra arepa viene de la palabra "erepa": maíz para los Cumanagoto, originarios de lo que hoy es Venezuela.

Arepas ¿de dónde son?

Ana
EN COLOMBIA HAY MÁS DE 40 TIPOS DE AREPAS DIFERENTES.
200 likes

Rita
La palabra arepa viene de la palabra erepa; maíz para los cumagoto, originarios de lo que hoy es Venezuela.
120 likes

Ana
En Colombia hay mas de 40 tipos de arepas diferentes.
230 likes

Rita
En 1960 se inventó en Venezuela la harina de maíz precocido PAN
240 likes

Ana
EN COLOMBIA SE USA LA HARINA DE MAÍZ PRECOCIDO DESDE 1965. ESTA SIMPLIFICÓ EL PROCESO DE HACER AREPAS.
120 likes

Rita
La arepa hace parte de nuestras raíces indígenas
200 likes

¡A Ana no le gusta el *post* de Rita! Rita va a pensar que las arepas son de Venezuela. Ana tiene que publicar otra vez:

Indígenas del territorio que hoy es Colombia y Venezuela, usaban la palabra "erepa" para hablar de la comida redonda hecha de maíz.

Pasa mucho tiempo. Ellas no publican. Ana mira, pero Rita no publica más. Rita mira, pero Ana no publica más.

¡Hay un *post* de Rita!
En 1960 se inventó en Venezuela la harina de maíz precocido PAN.

¡A Ana no le gusta el *post* de Rita! Rita va a pensar que las arepas son de Venezuela. Ana tiene que publicar otra vez:

Arepas ¿de dónde son?

En Colombia se usa la harina de maíz precocido desde 1965. Esta simplificó el proceso de hacer arepas. Solo tienes que mezclar agua y un poco de sal con la harina ¡y listo! Se hace la masa para las arepas.

Rita publica otra vez:
Hacer una arepa de harina de maíz precocido toma poco tiempo: se hace la mezcla, se hace la arepa, se pone en la parrilla, se asa por un lado, se voltea, se asa por el otro lado ¡y listo!

Ana publica:
En Colombia hay más de 40 tipos de arepas diferentes.

¡A Rita no le gusta este *post*! En Venezuela no hay muchos tipos de arepa. Ana va a pensar que las arepas son de Colombia.

Adriana Ramírez

Rita publica otra vez:

La arepa hace parte de nuestras raíces

indígenas.

Ana no sabe qué más publicar, pero sabe que tiene que publicar:

La arepa es la comida de Colombia y Venezuela.

Arepas ¿de dónde son?

6

En la cocina de Ana

"Quiero ser arepa.

Quiero ser una arepa deliciosa.

Quiero ser una arepa perfecta.

¿Cómo soy arepa?

¿Cómo paso de ser harina a ser arepa?

¡¡Muy fácil!!

Me ponen agua y sal.

Me amasan.

Me dan una forma redonda.

Me ponen en la parrilla y me asan por un lado y

por el otro,

¡y listo! Fácil y simple."

—piensa Doñarepa.

Adriana Ramírez

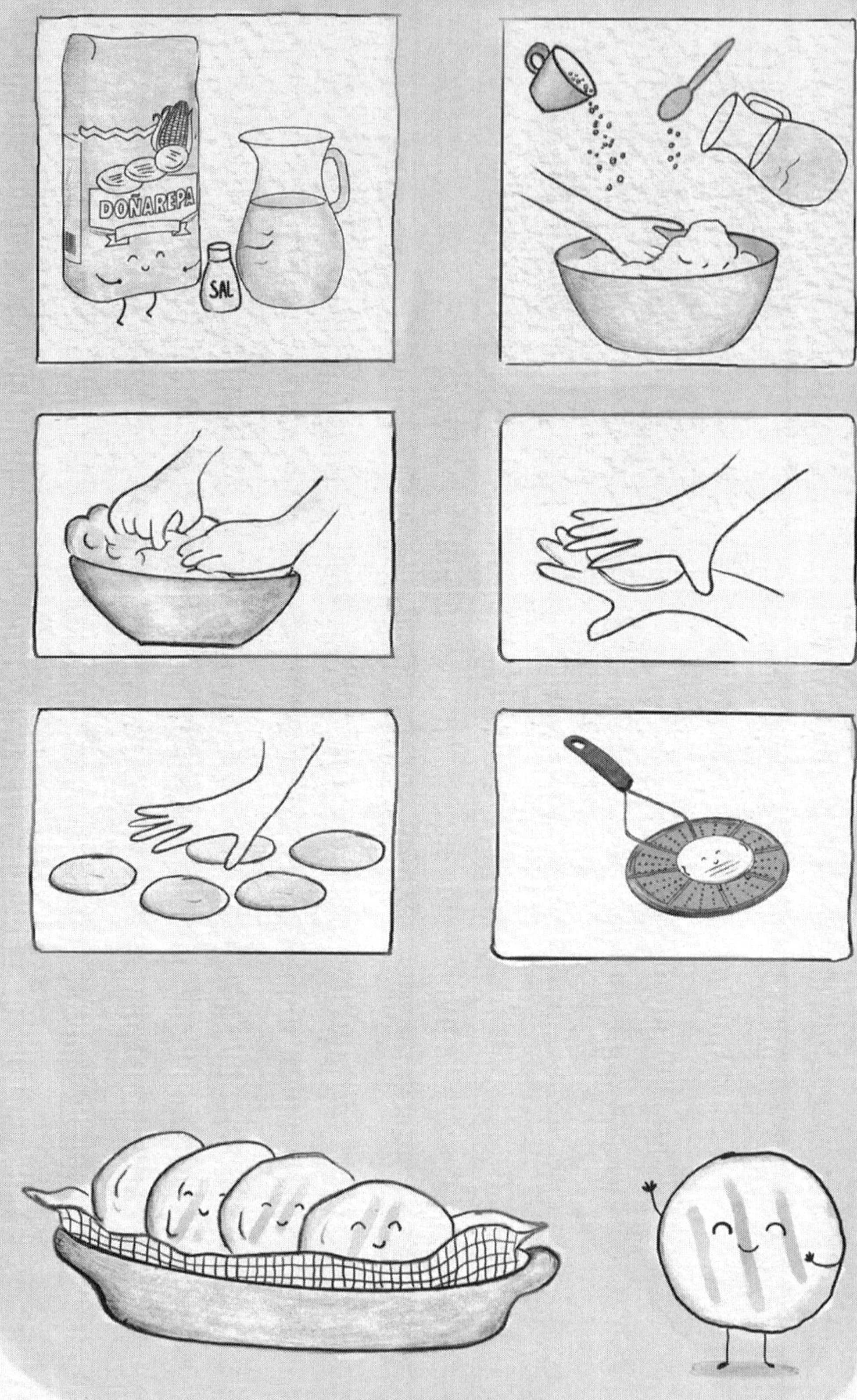

DOÑAREPA
SAL

—Mamá, hoy voy a hacer las arepas yo —dice Ana.

—¿Por qué? —le dice su mamá.

—Investigué sobre las arepas y aprendí mucho. Hay muchos tipos de arepas en Colombia. Hoy quiero hacer una arepa diferente —le dice Ana a su mamá.

—Bueno, Ana —le dice su mamá.

Ana mezcla la harina de Doñarepa con agua y sal para formar la masa. Ella amasa un poco.

Luego, coge un poco de masa y le da una forma redonda, pero antes de ponerla a asar, le pone queso por dentro y le da una forma redonda otra vez. Luego, la pone en la parrilla, la asa por un lado y por el otro.

Adriana Ramírez

Doñarepa está consternada.
"¿Qué pasa? ¿Queso por dentro? ¿Qué es esto?"

Ana hace otra arepa un poco más gruesa, la asa por un lado, y luego por el otro. Cuando la arepa está lista, la abre a la mitad y le pone queso y aguacate.

Doñarepa está consternada.
"¿Qué pasa? ¿Abierta por la mitad y con cosas por dentro? ¿Qué es esto?"

Ana hace otra arepa y la asa, pero esta vez no la asa en una parrilla, la asa en un sartén. Ella le pone un poco de aceite al sartén, asa la arepa por un lado, la voltea y luego la asa por el otro.

Doñarepa está consternada.
"¿Qué pasa? ¿Asada en un sartén? ¿Y la parrilla? ¿Qué pasó con la parrilla?"

Arepas ¿de dónde son?

Ana está feliz experimentando. Ella está haciendo diferentes tipos de arepa. Con la misma masa puede hacer diferentes tipos de arepa.

Ella piensa. Ella toma fotos de todas las arepas que hace. Ella toma fotos de Doñarepa y de todos los tipos de arepas diferentes que hace con la misma masa de maíz.

Ana publica las fotos.

A Doñarepa le gustan las fotos. Ella se siente especial.

Ana le toma muchas fotos.

Doñarepa está muy feliz porque sabe que es una arepa deliciosa. Ella se siente especial. Ella sabe que es una buena arepa. Ella puede ser muchas arepas diferentes y deliciosas, todas del mismo paquete, todas con la misma harina de maíz.

Adriana Ramírez

DOÑAREPA

7

Ana decide hacer arepas de cero

Ana quiere aprender a hacer arepas de cero; arepas como las que hace su abuela. Ella piensa que su mamá sabe cómo hacer arepas de cero.

—Mamá, ¿cómo tengo que comprar el maíz para hacer las arepas de cero? —le dice Ana a su mamá.

—Puedes comprar el maíz en grano, o puedes comprar la mazorca. Si compras la mazorca tienes que desgranarla —le dice su mamá.

—¿Dónde puedo comprar mazorcas?

—En el supermercado siempre hay —le dice su mamá.

Adriana Ramírez

La arepa que está en la parrilla mira a las arepas que están en el paquete.

Las arepas del paquete miran a Doñarepa. Doñarepa mira a la arepa que está en la parrilla. Todas se miran. Ellas no saben qué pasa:

—¿Arepas de cero? —dice la arepa de la parrilla.

—Estoy consternada, ¿somos de cero o somos de maíz? —dice una arepa del paquete.

—¿Qué es hacer arepas de cero? —dice Doñarepa.

—¿Venden ceros en el supermercado? —dice la arepa de la parrilla.

—¿Y qué es un grano? —dice una arepa del paquete.

—¿Y qué es una mazorca? —dice Doñarepa.

—No sé —dice la arepa de la parrilla.

—No sé —dice una arepa del paquete.

—No sé —dice Doñarepa.

Todas están consternadas porque no saben qué pasa.

Adriana Ramírez

DOÑAREPA

Ana va al supermercado y compra muchas mazorcas de maíz blanco. Ella quiere hacer arepas blancas.

Ana quiere hacer las arepas de cero, como las hace su abuela. Ella quiere aprender. Su abuela siempre compra las mazorcas y las desgrana. Ella quiere aprender a desgranar una mazorca. Ella no sabe desgranar mazorcas.

Pero... Ana piensa en su amiga. Ella quiere aprender a hacer arepas de cero con su amiga. Ella quiere aprender a desgranar una mazorca con su amiga. Ella quiere hacer esto juntas.

Adriana Ramírez

Ana

Rita

Ana

Rita

Ana

Rita

Ana

Rita

Arepas ¿de dónde son?

8

Rita y Ana

—Hola, Ana. Tengo mi harina de maíz —le dice Rita a su amiga.

—No, Rita, mira. Compré mazorcas para hacer arepas —le dice Ana.

—¿Y por qué no con harina de maíz? ¡¡Es más fácil!! —le dice Rita.

—Porque quiero hacerlas como las hace mi abuela. Quiero hacerlas como las hacían nuestros ancestros —le dice Ana.

—Bueno, eso me gusta —le dice Rita.

—Toma más tiempo —dice Ana.

—Está bien. Pero ¿sabes cómo hacerlas? Porque yo no sé —le dice Rita.

Adriana Ramírez

—Tengo la receta. Hablé con mi mamá y con mi abuela —le dice Ana feliz.

—¡Listo!

—La receta dice que desgranamos el maíz —dice Ana.

—¿Cómo? No sé desgranar maíz —dice Rita.

—Así. No es fácil —le dice Ana.

—No, no es fácil —dice Rita.

—Luego, la receta dice que lavamos el maíz y lo ponemos a cocinar —dice Ana.

—Esto sí es fácil —dice Rita.

—Sí, esto sí es fácil.

—Luego, la receta dice que molemos los granos cocinados —dice Ana.

—¿Qué? ¿Moler? ¿Cómo? ¿Dónde? No tenemos una máquina de moler y para moler el maíz tenemos que tener una —dice Rita.

Adriana Ramírez

—¡Tengo la máquina de moler de mi abuela! ¡¡Mira!! —le dice Ana feliz.

—¡Así tenía una mi abuela! —le dice Rita.

—¿Como esta? —le dice Ana.

—Como esa —dice Rita.

—¿¿Moler?? —dicen las arepas del paquete.

—¿¿Qué van a moler?? —dice PAN.

—¿¿Nos van a moler?? —dice Doñarepa.

Arepas ¿de dónde son?

¿¿Nos van a moler??
¿¿Qué van a moler??
DOÑAREPA
P.A.N
¿¿Moler??

—Luego, la receta dice que tenemos que moler la masa otra vez —dice Ana.

—¿Otra vez? —dice Rita.

—Otra vez —dice Ana.

—Y le ponemos un poco de sal —dice Rita.

—Y hacemos las arepas —Ana está feliz porque ella y su amiga no discuten.

—Les damos una forma redonda —dice Rita. Ella está feliz porque ella y su amiga hacen arepas juntas.

—Y las podemos hacer gruesas o delgadas —dice Ana.

—A mí me gustan las arepas gruesas y con cosas por dentro. Yo voy a hacer mi arepa gruesa —dice Rita.

Arepas ¿de dónde son?

—A mí me gustan las arepas delgadas y tostadas. Yo voy a hacerla delgada —dice Ana.

—Yo voy a asarla en el budare —dice Rita.

—Yo voy a asarla en la parrilla —dice Ana. Ella está feliz porque están haciendo arepas juntas y no están discutiendo sobre las arepas.

Es un momento especial para las dos.

Una arepa de cero mira a Doñarepa y a las arepas de paquete, y les habla:

—Hola. Soy arepa de cero.

—Hola. Soy harina de maíz —dice Doñarepa.

—Hola. Soy arepa de maíz —dice una arepa de paquete.

—Yo también soy de maíz —dice la arepa de cero.

—Dijiste que eras de cero —dice Doñarepa.

Arepas ¿de dónde son?

La arepa de cero mira a las otras arepas de cero y les dice:

—Son bobas.

—Sí, son bobas. **¡Todas somos de maíz!**

Ana y Rita les toman fotos a sus arepas. Ellas se toman fotos juntas haciendo arepas.

Ellas publican las fotos:

"Una colombiana y una venezolana haciendo arepas juntas, y sin discutir".

—¡¡Las arepas están listas!! Yo voy a abrirla a la mitad y le voy a poner cosas deliciosas por dentro —dice Rita.

—Yo voy a tostarla bien y le voy a poner mantequilla, queso y hogao —dice Ana.

Adriana Ramírez

—Mira, para ti. El queso es vegano —le dice Rita.

—Mira, para ti. El hogao es el que hace mi mamá. El que te gusta —le dice Ana.

—¡Gracias! —le dice Rita feliz. Es un momento especial para ella.

—¡Gracias! —le dice Ana feliz. Es un momento especial para ella.

Ana y Rita se toman fotos comiéndose las arepas.

Arepas ¿de dónde son?

DOÑAREPA
P·A·N

Ellas publican las fotos:

"Una colombiana comiendo arepa venezolana y una venezolana comiendo arepa colombiana, y sin discutir".

Ellas miran las arepas. Son unas arepas deliciosas. Son unas arepas perfectas. Ellas se comen sus arepas y están felices.

—¿Qué piensas? ¿De dónde son las arepas? —le dice Ana.

—Las arepas son originalmente de... ¡NUESTROS ANCESTROS, que son los mismos! —dice Rita.

—No son colombianas y no son venezolanas ¡¡Son colombianas y venezolanas!! Existían antes de que nuestros países existieran —dice Ana.

—Todas se hacen con maíz —dice Rita.

Arepas ¿de dónde son?

—Somos la misma gente. Tenemos los mismos ancestros —le dice Ana.

—¡Somos hermanas! —le dice Rita.

Ana y Rita se abrazan.

—No tenemos que discutir más sobre las arepas. Ya las dos sabemos de dónde son —dice Ana.

—Son de Venezuela —dice Rita.

—Y son de Colombia —dice Ana.

Adriana Ramírez

DOÑAREPA
P.A.N

9

Hermanas

La harina de maíz venezolana (PAN) y la harina de maíz colombiana (Doñarepa) están juntas, una al lado de la otra. Las dos harinas miran a Rita y a Ana. Ellas las miran hacer arepas de cero. Ellas entienden.

—¿¿¿VISTE??? ¡¡¡Antes de ser harina éramos maíz!!! —dice Doñarepa.

—Y antes de ser maíz éramos mazorca —dice PAN.

—¡Guau! —dice Doñarepa.

—¡Guau! —dice PAN.

—Son preciosas las mazorcas.

—Sí, son preciosas.

—¡Y alguien nos desgranó!

—¡Guau!

Adriana Ramírez

—Saber de dónde venimos es poderoso.

—Muy poderoso. Me gusta saber de dónde vengo.

—Mira, con los granos de la mazorca hicieron una masa.

—Como nosotras cuando nos mezclan con agua.

—Sí, como nosotras cuando nos mezclan con agua.

—¡Guau!

—¡Guau!

—Mira, con la misma masa hicieron dos arepas diferentes.

—¡Y deliciosas!

—¡Y sin gluten!

—¡Guau!

—¡Guau!

—Me gusta cómo se ve esa arepa con cosas por dentro —dice Doñarepa.

—Y a mí me gusta mucho cómo se ve esa arepa con hogao —dice PAN.

—¡Deliciosa!

—¡Deliciosa!

—Shhh... ¿Qué dicen ellas? —dice Doñarepa.

"Somos la misma gente. Tenemos los mismos ancestros. Somos hermanas".

—Ahhh... ¡Somos hermanas! —dice Doñarepa.

—¡Somos hermanas! —dice PAN.

—Tenemos el mismo pasado.

—Tenemos el mismo pasado.

—Tenemos los mismos ancestros.

—Tenemos los mismos ancestros.

—¡Guau! Voy a llorar —dice Doñarepa.

—Yo voy a llorar también —dice PAN.

Doñarepa y PAN se abrazan y lloran. Es un momento muy especial para las harinas de maíz.

Adriana Ramírez

DOÑAREPA
PAN

10

El mejor desayuno

Adriana Ramírez

Recetas

Cómo hacer una arepa colombiana de queso

<u>Ingredientes para 6 personas:</u>

- 225 gramos de harina de maíz blanco precocida
- 360 ml de agua
- 40 gramos de mantequilla
- 150 gramos de queso mozzarella rallado – para los veganos como yo, hay opciones veganas.
- 1 cucharadita y media de sal
- Aceite

<u>Preparación:</u>

- Mezclar el agua con la harina. El agua debe estar tibia. Se va añadiendo poco a poco el agua a la harina y se va mezclando. Se mezcla hasta hacer una masa.

Arepas ¿de dónde son?

- Se agrega la sal y se mezcla con la masa. Luego se agrega la mantequilla, pero esta debe estar derretida.
- Se añade el queso mozzarella y se mezcla con la masa. Se amasa por unos minutos para que todos los ingredientes se mezclen bien.
- Se coge un poco de masa y se le da forma redonda, un poco gruesa.
- Para cocinar las arepas se usa una parrilla o un sartén. Si decides usar el sartén, debes ponerle un poco de aceite. Se ponen las arepas por un lado y luego por el otro.
- Es necesario voltear las arepas varias veces hasta que estén doradas por los dos lados.

Receta tomada de: https://cocina-familiar.com/arepas-de-queso-colombianas.html

@cocinafamiliarjr

Adriana Ramírez

Como hacer hogao

<u>Ingredientes para 4 personas:</u>

- 200 gramos de cebolla larga
- 4 tomates
- 1 cebolla blanca
- 1 pizca de comino
- 1 pizca de sal
- 1 pizca de pimienta
- Aceite

<u>Preparación:</u>

- Se cortan las cebollas finamente.
- Se pone aceite en el sartén y se ponen las cebollas en él.
- Se añade la sal, la pimienta y se mezclan.
- Se deja sofreír la cebolla por un par de minutos.
- Se añaden los tomates picados finamente.
- Se añade el comino y se mezcla.

- Se deja sofreír más o menos por 15 minutos y se van mezclando los ingredientes durante este tiempo.
- El hogao se usa como acompañamiento de otras comidas, como las arepas, los patacones, el arroz, los frijoles.

Páginas para visitar

https://www.tequenoselzuliano.com/la-arepa-y-su-historia/

https://xn--doarepa-5za.com/origen/tradicion-regional/

Esta historia tiene alrededor de 5000 palabras y está escrita con 177 familias de palabras + 40 cognados. Es un libro perfecto para estudiantes de nivel 2.

This book is not endorsed by or affiliated with PAN and Doñarepa in any way.

PAN and Doñarepa are popular corn flour brands commonly found in supermarkets. They are beloved by Colombians and Venezuelans, not only in their home countries but also abroad, particularly in the USA and Canada.

Arepas ¿de dónde son?

Vocabulario

A

a - to
abierta - open
abrazan - they hug
abre - he/she opens
abrirla - open it
abrirlas - open them
abuela - grandmother
aceite - oil
acéptalo - accept it - take it
aceptas - you accept
adiós - goodbye
agua - water
aguacate - avocado
al - to the - at the
alguien - someone
almuerzo - lunch
amasa - he/she kneads
amasan - they knead
amiga - female friend
amigas - female friends
ancestral - ancestral - ancient
ancestros - ancestors
antes - before
aprender - to learn
aprendí - I learned

arepa - arepa (a type of food)
arepas - arepas
arriba - up - above
asa - he/she roasts/grills
asada - roasted
asan - they roast
asando - roasting
asándose - roasting
asar - to roast - to grill
asarla - to roast it
así - like this

B

bien - well - good
blancas - white
blanco - white
boba - silly - dumb
bobadas - nonsense - silly things
bobas - silly - dumb
budare - budare (a type of griddle)
buena - good
buenas - good
bueno - good

C

cada - each - every
casa - house - home
casas - houses - homes
cero - zero
ceros - zeros
cocina - kitchen
cocinados - cooked
cocinan - they cook
cocinar - to cook
coge - grab - take - he/she grabs
colombiana - Colombian
colombianas - Colombians
colombianos - Colombians
comemos - we eat
comen - they eat
comer - to eat
comían - they ate - they used to eat
comida - food - meal
comiendo - eating
comiéndose - eating
cómo - how
como - like - as - I eat
compra - he/she buys
compran - they buy
comprar - to buy
compras - you buy
compre - buy
compré - I bought

con - with
consternada - dismayed
contigo - with you
cosa - thing
cosas - things
cuando - when
Cumanagoto - an Indigenous group
curiosidad - curiosity

D

da - give - he/she gives
dan - they give
de - of - from
decide - he/she decides
decir - to say - to tell
del - of the - from the
delgada - thin - slim
delgadas - thin - slim
deliciosa - delicious
deliciosas - delicious
delicioso - delicious
dentro - inside
desayuno - breakfast
desde - from - since
desgrana - he/she shells
desgranamos - we shell
desgranar - to shell - to husk
desgranarla - to shell it

desgranó - shelled - he/she shelled
detrás - behind
dice - say - he/she says
dicen - they say
dices - you say
diciendo - saying
diferencia - difference
diferencias - differences
diferente - different
diferentes - different
digo - I say
dijiste - you said
dime - tell me
discuten - they argue
discutiendo - arguing
discutimos - we argue
discutir - to argue
dónde - where
doña - lady - Mrs.
Doñarepa - Doñarepa (a brand of corn flour)
dos - two

E
el - the
ella - she - her
ellas - they
en - in - on - at
encontrar - to find

encuentra - he/she finds
encuentras - you find
entender - to understand
entienden - they understand
era - was - used to be
éramos - we were - we used to be
eras - you were - you used to be
eres - you are
es - is - he/she is
esa - that
eso - that
especial - special
está - is - he/she is
esta - this
estamos - we are
están - they are
estas - these
estás - you are
este - this
esto - this
estoy - I am
estudiando - studying
estudiar - to study
existían - they existed
existieran - they would exist
experimentando - experimenting

F

fácil - easy

felices - happy

feliz - happy

forma - shape - form - way

formar - to form - to shape

fotos - photos

G

gente - people

gluten - gluten

gracias - thank you

grande - big - large

grandes - big - large

grano - grain

granos - grains

gruesa - thick

gruesas - thick

guau - WOW

gusta - he/she likes

gustan - they like

H

habla - he/she speaks

hablando - speaking

hablar - to speak

hablé - I spoke

hablemos - let's speak

hace - do - make - he/she does - he/she makes

hacemos - we do - we make

hacen - they do - they make

hacer - to do - to make

hacerla - to make it

hacerlas - to make them

haces - you do - you make

hacían - they did - they made - they used to do - they used to make

haciendo - doing - making

hagamos - let's do - let's make

harina - flour

harinas - flours

hay - there is - there are

hecha - made - done

hechas - made - done

hermana - sister

hermanas - sisters

hicieron - they did - they made

hogao - a Colombian sauce

hola - hello
hora - hour - time
horas - hours
hoy - today

I
idea - idea
importa - matter -
he/she matters
importante - important
importantes - important
indígenas - Indigenous
información -
information
ingredientes -
ingredients
inventó - invented -
he/she invented
investigar - to
investigate - to
research
investigué - I
investigated - I
researched

J
juntas - together

L
la - the - her - it
lado - side

las - the - them
lavamos - we wash
le - to him - to her -
to it
leer - to read
lees - you read
leo - I read
les - to them - to you
all
lista - list - ready
listas - lists - ready
listo - ready
llamas - you call
llamo - I call
lloran - they cry
llorar - to cry
lo - the - him - it
los - the - them
luego - later - then
luz - light

M
maíz - corn
mamá - mom
mami - mommy
mantequilla - butter
máquina - machine
más - more
masa - dough - mass
mazorca - corn on the
cob

mazorcas - corn on the cobs
me - me
mejor - better - best
mezcla - mix - blend
mezclan - they mix - they blend
mezclar - to mix
mí - me
mi - my
míos - mine
mira - he/she looks
miran - they look
mis - my
misma - same
mismo - same
mismos - same
mitad - half
molemos - we grind
moler - to grind
momento - moment
mucha - a lot - much
muchas - many - a lot
mucho - a lot - much
muchos - many - a lot
muelen - they grind
muy - very

N
nada - nothing - anything

no - no - not
nos - us
nosotras - we
nosotros - we
nuestras - our
nuestros - our

O
o - or
obvio - obvious
opina - he/she thinks - he/she gives an opinion
opinión - opinion
opiniones - opinions
origen - origin
originalmente - originally
originarios - original - native
otra - other - another
otras - others - another
otro - other - another

P
país - country
países - countries
palabra - word
PAN – pan (a brand of corn flour)
paquete - package
paquetes - packages

para - for - in order to
parrilla - grill
parte - part
partes - parts
pasa - pass - happens - he/she passes
pasado - past
pasar - to pass - to happen
pasó - he/she passed - he/she happened
paso - step
pensaba - I thought - I used to think - he/she thought - he/she used to think
pensar - to think
pequeñas - small - little
perfecta - perfect
perfectas - perfect
pero - but
piensa - he/she thinks
piensas - you think
poco - little
podemos - we can
poderoso - powerful
pone - put - place - he/she puts
ponemos - we put - we place
ponen - they put - they place
poner - to put - to place
ponerla - to put it
ponerles - to put them
por - for - by - because of
porque - because
post - post
preciosas - precious - beautiful
precocida - precooked
precocido - precooked
proceso - process
publica - post - he/she posts
publican - they post
publicar - to post
puede - can - he/she can
puedes - you can
puedo - I can

Q

que - that - which - who
qué - what
quesito - a type of cheese in Colombia
queso - cheese
quiere - want - he/she wants

quieren - they want
quiero - I want

R
raíces - roots
receta - recipe
redonda - round
redondas - round
región - region
restaurantes -
restaurants

S
sabe - know - taste -
he/she knows - he/she
tastes
sabemos - we know
saben - they know
saber - to know
sabes - you know
sal - salt
sartén - frying pan
sé - I know - be
se - oneself - himself -
herself
ser - to be
si - if
sí - yes
siempre - always
siente - he/she feels

siguen - they follow -
they continue
silencio - silence
simple - simple
simplificó - simplified
sin - without
sobre - on - about -
over
solo - alone - only
somos - we are
son - they are
soy - I am
su - his - her - their -
your
supermercado -
supermarket
sus - his - her - their
- your

T
también - also - too
te - you - to you
tenemos - we have
tengo - I have
tenía - I had - he/she
had
territorio - territory
ti - you
tiempo - time
tiene - have - he/she
has

tienen - they have
tienes - you have
tipos - types
todas - all - every
todo - all - everything
todos - all - everyone
toma - take - drink -
he/she takes - he/she
drinks
toman - they take - they
drink
tostadas - toasted -
toast
tostarla - to toast it
tú - you
tuesten - they toast
tus - your
tuyos - yours

U
un - a - an
una - a - an
unas - some
única - unique - only
usa - use - he/she uses
usaban - they used -
they used to use

V
va - go - he/she goes

vamos - we go - let's go
van - they go
vas - you go
ve - see - he/she sees
vegana - vegan
vegano - vegan
veganos - vegans
venden - they sell
venezolana - Venezuelan
venezolanas -
Venezuelans
venezolanos -
Venezuelans
vengo - I come
venimos - we come
ver - to see
vez - time
viene - come - he/she
comes
vienes - you come
viste - you saw
voltea - he/she turns
voltéate - turn around
voy - I go

Y
y - and
ya - already - now
yo - I

Creada por Adriana Ramírez y Margarita Pérez García,
Amor de Arepa es una colección de dos libros hermanos que
exploran la eterna controversia entre Colombia
y Venezuela sobre el origen de la arepa.
Estas historias son fáciles de leer, divertidas y llenas
de cultura, celebrando el plato central de la dieta de
ambos países. Además, muestran el profundo cariño que las
autoras sienten por su tierra, sus tradiciones y, por
supuesto, por sus queridas arepas.

Ambos libros utilizan el mismo número de familias de
palabras, asegurando que estén al mismo nivel. Cada uno
complementa al otro en aspectos históricos, culturales, de
vocabulario y gramática.

Con menos de 180 familias de palabras, estos libros son
perfectos para estudiantes de nivel 2.

Otros libros escritos por Adriana Ramírez

Nivel 1

Nivel 2

Nivel 3

Nivel 4+

El Cóndor de los Andes
Adriana Ramírez
Español 4
Segunda Edición

RIGO
Adriana Ramírez

UN NUEVO
amanecer
Adriana Ramírez

EL CAMINO DEL CAFÉ
Adriana Ramírez
Español 4

Adriana Ramírez
Es posible soñar

Adriana Ramírez
LA MARIMBA DE MI ABUELO

silleteros
Adriana Ramírez

This book was written by a Latin American author